Hildegard König | Christel Holl

Gewagte Aufbrüche

Minutenmeditationen

Gewagte Aufbrüche

Gestaltung und Herstellung: Gesine Beran, I-00010 Sant'Angelo Romano
Gesamtherstellung: Beuroner Kunstverlag, D-88631 Beuron
Druckerei: Druckerei Theiss, A-9431 St. Stefan im Lavanttal
ISBN: 978-3-87071-264-8

Hildegard König | Christel Holl

Gewagte Aufbrüche

Minutenmeditationen

BEURONER KUNSTVERLAG

Inhalt

Minuten
des Aufbruchs

Eine Einstimmung

07

FEUERSÄULE, ACRYL MIT BLATTGOLD, 2010, 80 X 80 CM

Gerade saßen wir noch gemütlich um den Tisch.
Bis einer auf die Uhr schaute.
So spät schon? – Wir müssen los!
Das wilde Durcheinander eines überstürzten Aufbruchs:
Mäntel, Taschen, Hände, Küsse, letzte Zurufe,
die Treppe hinauf und hinunter.
Dann das Schließen der Tür. Die Stille.

Aufbruch ist immer.
Täglich müssen wir aufbrechen,
zur Arbeit, zu unseren Aufgaben,
von zuhause weg auf Andere zu.

Aufbruch ist immer.
Und immer ein Wagnis.
Wenn wir immer erwägen wollten,
ob und was wir tun und lassen sollen:
Wir verpassten den Aufbruch,
säßen fest in unserer Unentschiedenheit.
Mit dem Aufbruch riskieren wir den Irrweg,
das Verlaufen, die Gefahr des Scheiterns.
Aber wir riskieren auch das Glück.

Aufbruch ist immer.
Ein Moment des Zaubers
und der Sehnsucht und der Hoffnung
ist ihm eigen.
Der Puls des Lebens schlägt kräftiger
im Augenblick des Aufbruchs.

Aufbruch ist alltägliche Erfahrung
und auch spirituelles Ereignis.
Die bewegenden Geschichten der Alten
erzählen davon:
Abraham und Sarah, Mose,
Noomi und Rut, Elia und Hanna ...
Von woher vernahmen sie die göttliche Stimme,
die sie zum Aufbrechen rief?
Aus himmlischem Donner?
Oder doch eindringlich deutlicher
aus dem Ziehen hinter dem Brustbein,
dem Pochen in den Schläfen,
dem unruhigen Herzen,
das sich in Tagträumen verlor?

Solcher Aufbruch,
aus Not oder Sehnsucht geboren,
erhält seit je seinen ersten Anstoß
aus einer tiefsitzenden Hoffnung.
Sie trägt über das Hier und Jetzt hinaus
und lässt an ein großes Fernes rühren.
Sie lockt und fordert:
Brich auf! Zieh fort!
Geh in ein Land,
das ich dir zeigen werde! (Gen 12,1)

Die Minuten des Aufbruchs,
die uns der Alltag bereithält,
können zum Anlass werden,
auf diese treibende Kraft
in uns selbst zu achten,
der eigenen Intuition das Wort zu geben,
den Gefühlen zwischen Bleiben und Gehen
Raum zu lassen.
So können die Minuten
im Zeichen des Aufbruchs
kleine Meditationen sein,
die zur Heiligkeit des Daseins führen,
einer Heiligkeit,
die in uns ihren Ort hat
und uns über uns selbst hinausbringt.

Ich danke Christel Holl,
dass sie mit ihren Bildern
die Texte dieses Bandes begleitet.
Sie inszenieren das Motiv des Aufbruchs
in ganz eigenen Spielarten.
Sie sprechen auf ihre Weise vom Wagnis,
wahrzunehmen, was ist,
und es willkommen zu heißen
als Anstoß ins Leben.

Januar 2012 Hildegard König

1 Aufbrechen in den Tag

DAS BOOT, ACRYL MIT BLATTGOLD, 2008, 80 X 80 CM

Aufwachen

Im Zwischenraum von Schlafen und Wachen
regt sich ein erster Gedanke,
tritt aus dem Traumnebel der Nacht.
Das Herz, nie taktlos, meldet sich diskret zum Dienst.
Spaltbreit offen mein Bewusstsein,
um das Leben des neuen Tages in Empfang zu nehmen.

Hart schlagen die Brocken ein,
die Pflichten, die ich dem Heute schulde.
Schwer wiegen die Lasten am Grund,
Alltagsbedrückung:
Gebrechen, Gebrochenheit, Bruchwerk vieles.

Auf einmal fällt ein Strahl von weiß woher
in meine düstere Dämmerung
und lässt sie aufleuchten: Freude am Leben.
Ein dunkler See füllt sich mit Licht.

Ich warte jeden Morgen auf diesen Augenblick.
Und wenn er ausbleibt,
bin ich voll Unruhe nach dem,
was mich hellwach werden lässt.

tagesration

jeden tag eine aufgabe
jeden tag ein gelingen
jeden tag einen kuss

oder wenigstens die sehnsucht danach

jeden tag ein freundliches wort
jeden tag eine gute begegnung
jeden tag einen augenblick frieden

oder wenigstens die sehnsucht danach

jeden tag ein quäntchen verlangen

dass die seele
in der schwebe
und auf DICH
geortet bleibt

störfall

an manchen tagen
nervt mich alles
nichts
was mich umstimmt
keine lust zu
nichts
kann mich ärgern
soviel ich will
schlecht gelaunt sein
und
bin doch unzufrieden
dass DU
mir so
in die quere kommst
DU STÖRST!

Aufbrechen

zu mir

PROFIL ZEIGEN, ACRYL MIT BLATTGOLD, 2011, 100 X 100 CM

Bekenntnis

Ich anerkenne,
dass die Idee zu mir
nicht von mir selbst stammt,
dass ich meinen Lebensplan
nicht überblicke, und
dass ich jeden Selbstentwurf
bei Gelegenheit verwerfen werde.
Ich anerkenne,
dass ich mir selbst ein Rätsel bin,
die Lösung eingeschlossen, und
dass ich für die wesentlichen Fragen
keine Antwort habe.
Ich bin nicht mehr und nicht weniger als andere
angewiesen,
dass mir von DIR aus
ein Licht aufgeht.

frühjahrsanfang

ich will endlich
aufbrechen
wie das eis auf dem teich
und die erde unter dem pflug
wie die keimlinge in den schalen
und die zugvögel in den winternestern
ich will endlich
aufbrechen
um zu mir
zu kommen
und zu DIR
ich hoffe
auf einen großen sommer

Ferienerlebnis

morgens
mit frischem Wind aufgebrochen,
dem Ziel entgegen mit vollen Segeln;
mittags
die Flaute:
unter drückender Sonne
das Warten auf Wind;
abends
zurückgerudert:
Land gewinnen,
den Hafen erreichen,
bevor es dunkel wird ...

ein Tag, ein Leben.

3 Aufbrechen zu dir

Offene Fragen

Wie soll ich DICH anreden?
Was soll ich DIR sagen?
DU ...
Entweder DU weißt nichts,
dann ist nichts zu sagen
oder DU weißt alles,
dann ist schon alles gesagt.
Schweigen wir uns also an.
Mal sehen, wie lange das geht.
...
Schwer.
Ich habe keine Stop-Taste,
das Programm läuft weiter:
ein innerer Film, mehrfach überschnitten.
Einer sagte, DEINE Nähe sei wie
eine Stimme verschwebenden Schweigens.
DU ...
schweigst DICH durch meine Gedanken, Gefühle?
Bist DU mir so nahe?
Betest DU in mir, wenn ich DICH anschweige?

HIMMELSLEITER, ACRYL MIT BLATTGOLD, 2011, 30 X 60 CM

nicht viele worte

wer
wenn nicht
du
wenn aber
nicht
du
wer denn
ohne
wenn und aber
du
nicht
sonst wer:
du

risiko

gesetzt
du
triebest
das spiel
weiter und
fort
gesetzt
du bötest
halbherzig
zwar
doppelten
einsatz
gesetzt
du
verlörest
aber
viel mehr
ich
spiele
mit
vollem risiko
unsere karte

4 Aufbrechen miteinander

MITEINANDER, ACRYL MIT BLATTGOLD, 2010, 80 X 80 CM

nach Rut 1

Migrantinnenlos:
Zuerst der Hunger,
dann die Fremde,
dann die Mühen um Anschluss:
endlich angekommen sein.
Dann das Sterben,
dann keine Zukunft mehr:
nichts mehr lieblich, nur noch bitter.
Also zurück zum Anfang,
jede für sich und in andere Richtung.

Und dann die Entscheidung:
Wo du hingehst, gehe auch ich hin,
wo du übernachtest, übernachte auch ich,
dein Volk ist mein Volk,
dein GOTT ist mein GOTT …

Zu zweit beginnt eine neue Geschichte:
Zu zweit und füreinander
finden sie heim.

blickwechsel

schau mich
nicht an mit
deinen morgenaugen
was lieb war
deinen abendaugen
könnten sie
bloßstellen
ein trugbild
ich
stände
beschämt
und frierend
unter der kälte
deines blicks

5

Aufbrechen

... umkehren

DER BARMHERZIGE VATER, ACRYL MIT BLATTGOLD, 2007, 80 X 100 CM

Kleine Anfrage

Wer macht die Betten?
Wer sucht die gebrauchten Socken zusammen?
Wer räumt die alten Zeitungen weg?
Ja, um des Himmels willen:
Wer gibt sich tagtäglich
mit diesem lästigen Kleinkram ab?
Nur ein dummes Schaf wie ich!

Aber:
Wer trägt die Sünde der Welt?
Ja, um der Menschen willen:
Wer schleppt sich für alle Ewigkeit
an dieser unerträglichen Last ab?
DU! Lamm Gottes, nur ein Schaf wie DU,
lässt sich zum Sündenbock machen
und in die Wüste und zum Sterben treiben,
damit die anderen leben können.

Ich will mich ja nicht mit DIR vergleichen,
nur ein Stück mit DIR durch die Wüste gehen
und an meinem Alltagsballast DEINE Last erwägen
und mit DIR Leben und Sterben lernen.

Ein reines Herz, ein neuer Geist
zu Psalm 51,12

Der Satz war heraus und alle hatten ihn gehört.
Scharf und giftig schnitt er sich durch Mark und Bein
und traft den Nerv, bohrte sich ein
und ließ das Blut gefrieren.

Unter vier Augen kam die Entschuldigung,
das Bemühen um Schadensbegrenzung,
Versöhnungsbereitschaft auf beiden Seiten.

Aber die Wunde war infiziert.
Der verletzte Stolz wurde brandig,
vergiftete das Denken, zehrte am Vertrauen,
legte sich wie Mehltau auf die Freundschaft.

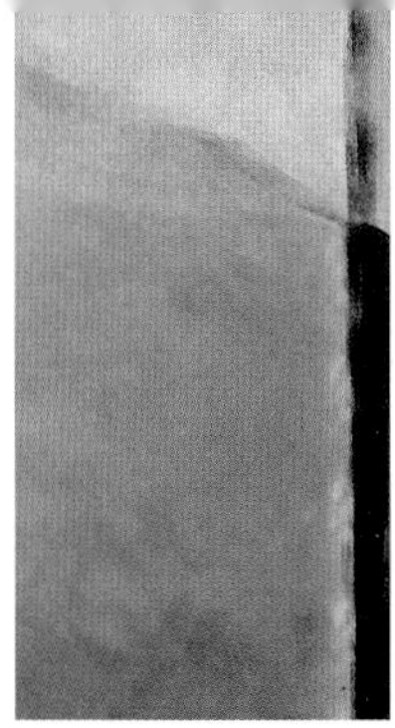

Zeit heilt Wunden, heißt es.
Solche eher nicht.
Gegen Seelenvergiftung braucht es stärkere Mittel.
Einst betete ein schuldig gewordener, beschädigter Mensch:

Schaffe mir, GOTT, ein reines Herz,
und gib mir einen neuen, beständigen Geist.

Eine Grundsanierung
durch GOTTES schöpferisches Tun,
wie weiland im Tohuwabohu des Anfangs.

Vergebung, ureigene Sache GOTTES,
ist schöpferische Macht.
Vergebung zwischen Menschen:
ein göttliches Vermögen,
geistreich,
Charisma zum Neubeginn.

Eingriff
nach Ezechiel 36

Haltung bewahren.
Keine Schwäche zeigen.
Die Kränkung nicht wahrhaben.
Über Verwundung hinweggehen.
Sich nichts anmerken lassen.
Cool bleiben.
Bloß nicht Opfer sein!

Ein verhärtetes Herz bewegt nichts mehr.

Was hilft gegen solchen Herztod?
SEIN Eingriff:
ein Funken Geist,
ein Atemzug Leben –
Reanimation
durch GOTTES Hand.

Ein Wunder?
Alltagsarbeit.

Ich schenke euch ein neues Herz und einen neuen Geist.
Ich nehme das Herz von Stein aus eurer Brust
und gebe euch ein Herz aus Fleisch.

6

Aufbrechen aus Verlust

LEBENSSPUREN, ACRYL MIT BLATTGOLD, 2011, 80 X 80 CM

Vergebens

Aus der Traum von einer Familie!
Sein Kind war unterwegs, aber er durfte ihm kein Nest bauen.
Er sollte es besuchen dürfen, finanziell versorgen dürfen.
Aber den Alltag leben mit ihm und der Mutter, das sollte er nicht.
Die Freundin hatte ihm das beschieden, kompromisslos.
Und die Zurückweisung bohrte sich als tiefer Stich in seine Brust.
Beim Gedanken an die einsamen Abende
in seiner Junggesellenwohnung ging ihm auf,
dass dieser Schmerz nicht nachlassen würde.
Er weinte sich die Enttäuschung und die Trauer aus dem Leib.

Als das Kind zur Welt kam, vergab er die Kränkung.
Es ist, wie es ist, sagt die Liebe.
Das begriff er, als er seine Tochter zum ersten Mal im Arm hatte.
Heute ist er ein glücklicher Vater ...
an den Wochenenden und in den Ferien,
wenn seine Familie bei ihm ist.

Leben geht auch anders.

allein gelassen

entfremdet die freunde.
wo bleibt die vertrautheit
im zeitlosen wachkoma?
wo die nähe
wenn trauer und ohnmacht
verbittert ihre mauern hochziehen?
Freunde und Gefährten bleiben mir fern
in meinem Unglück
und meine Nächsten meiden mich.
das ewige drama
einsam durchlittener not
bleibt IHM nicht erspart.
seine vertrauten stehen von fern
nur aus der distanz
ertragen sie seine niederlage
ihre enttäuschung und abscheu
auch die frauen
die ihm seit galiläa folgten
die dies sehen ...
allein:
sie sollen schweigen.

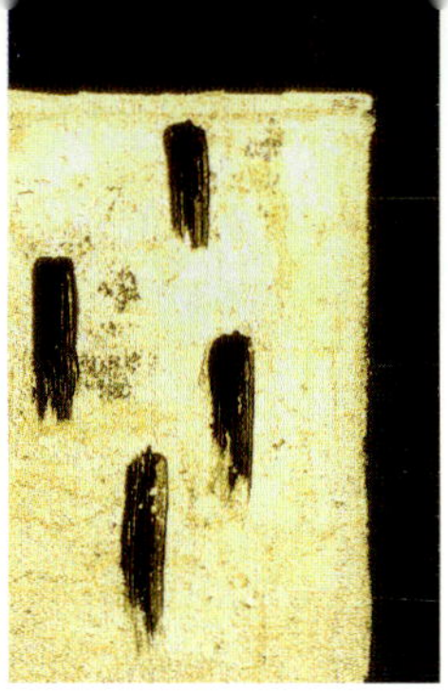

Gesammelte Tränen

Es ist vielmals
    eine Frau
    ein Mann
    ein Kind

die verlieren, was ihnen einzig ist
lieb und teuer und unverzichtbar
    sei's Familie oder Kindheit
    Arbeit oder Ansehen
    Unschuld oder Heimat

auf der ganzen Gotteserde
ein gewaltiger, namenloser Schmerz
    will nicht weggehen
    will nicht versiegen
    will nicht enden im Weinen

bleibt für den Rest aller Zeit
bei Tag und bei Nacht
    aufs Gesicht gezeichnet
    unter die Haut getrieben
    in die Seele gebrannt

DU da, im Himmel, lass dich stören:
Sammle meine Tränen in einem Krug
    nicht umsonst vergossen
    nicht überflüssig
    nicht leicht geweint sind sie

nur aufgehoben
findet ein verstörtes Herz
    seine Ruhe

7

Aufbrechen

... suchen und finden

MEINE SEELE DÜRSTET NACH DIR WIE TROCKENES, DÜRRES LAND, ACRYL MIT BLATTGOLD, 2010, 120 X 80 CM

zwischenbilanz

entzogen
dem hier
habe ich zurückgelegt
meine etappe
vergessen
als sei
der eindruck
so nachhaltig nicht
und jetzt
in den stimmen
den blicken
von dort
entdecke ich
mich selbst
belächelnd
die täuschung
als wäret ihr
nicht mitgegangen
ein stück
wäre ich nicht
hier geblieben

feuerprobe

kleiner engel
des vergessens
gefragt
was wäre
unbedingt zu wissen
vorbehaltlos zu lieben
und zu leben
ohne wenn und aber
schweigst du wohl
zu recht
nicht
gingst du
mit uns durch's feuer
dass wir
lichthungrige geschöpfe
und im fieber nach wärme
darin
verglühten
wie die schmetterlinge
dieses juliabends

herzschlag

mein herz
so schwer
schlägst
du dich durch
wundgelebte jahre
mein herz
so leicht
springst
du in
unverhofftes glück
gemach
mein herz
das hier ist
kommen und gehen
aber du
mein herz
bist
auf ein anderes
aus

camino

trittsteinen
der geschichte
spuren
einziehen
eigene zeichen
dem horizont
einprägen
dahinter
mehr beiläufig
als absichtsvoll
rast
im neuland
das herz
pocht auf
kurzen
verweil

Aufbrechen[8]

um anzukommen

WOHIN SOLLEN WIR GEHEN, ACRYL MIT BLATTGOLD, 2010, 60 X 80 CM

türsteher

wer drinnen wer draußen wer
dahinter
den raum wechseln ein risiko
ungut das hier kein ort für immer
garantiert ein besseres jenseits der schwelle
fangfragen mit bindenen antworten laufen
ins leere und
ein kalter wind schlägt am ende die tür
zu

Tragfähig
nach Jesaja 46,4

Keinen Schritt weiter! Viel zu gefährlich!
Unten das reißende Wasser
und der Übergang unsicher.

Aber jetzt umkehren?
Den ganzen mühsamen Weg zurückgehen?
Das Ziel aufgeben?

Nur eines steht fest:
Hier kann ich nicht bleiben.
Ich muss mich entscheiden:
Wage ich den nächsten Schritt
oder nicht?

Kann ich damit rechnen,
dass ich nicht einbreche,
nicht abrutsche,
nicht aus dem Tritt komme?

Das Risiko braucht Mut
und Zutrauen:
Das hält!
Ich schaffe es!
Mein Ziel ist da drüben!

Vor solchem Leichtsinn
mag die Bergwacht warnen.
Auf den alltäglichen Wegen zwischen DIR und mir
aber gilt:
Ich bleibe mir treu, so alt ihr auch werdet,
bis ihr grau werdet, will ich euch tragen …
Also weiter mit GOTTES Hilfe.

Hanna!
nach Lukas 2,38

Du, Eingeweihte,
kennst den Tempel von innen.
Jahrzehnte war er dein Lebensort,
Prophetin.
Was hier geglaubt und gehofft,
geredet und verhandelt wird:
Dir entgeht es nicht.

Und jetzt das Kind,
eins von unzähligen,
die nach frommem Brauch
hergebracht und ausgelöst werden.

Was weißt du von diesem Kind, Hanna?
Erkennst du den Messias,
der Jerusalem befreien soll?
Siehst du sein schmähliches Ende
und die Vernichtung des Tempels,
und dass Jerusalem niemals
frei sein wird
von Zwang und Gewalt?

Erkläre dich, Hanna!
Was siehst du?
Was können wir erwarten
trotz alledem?

Sie pries Gott und sprach über das Kind zu allen,
die auf die Erlösung Jerusalems warteten.

betlehems kinder

rahel weint nicht mehr
und meryem mag nicht mehr schreien
hart geworden
die herzen und augen
vermauert
das leben, das land
gärten und äcker
betlehems kinder sind nicht mehr
frei
hüben wie drüben
menschen guten willens singt an
gegen die mauer
wie damals in jericho und in berlin …
der fall
eine brüchige hoffnung
ist besser als
keine

Jona

Aufzubrechen gefordert
mit unmöglichem Auftrag:
Großstadtleuten,
die rechts und links
nicht unterscheiden können,
das Umdenken beizubringen,
den Unheilspropheten
spielen zu müssen
und sich dabei lächerlich zu machen.

Keine Lust auf so was!
Ausflüchte, Abtauchen.
Hilft alles nichts.

Irgendwann sieht er sich doch
durch die Stadt rennen
und Alarm schlagen:
Das Ende! Das Ende!

Schluss mit lustig jetzt.
Man hat es lange geahnt.
Asche aufs Haupt und Verzicht
als neuer Lebensstil:
Kein Ende. Vorerst nicht.

Und der Prophet?
Wird belächelt.
Ein Sonderling
ohne Zukunftsperspektive.
Hat sich zurückgezogen.
Will endgültig aussteigen,
sagt er.
Soll endlich ausbrechen,
meint sein GOTT,
aus den kleinlichen Bildern
von ihm und der Welt.

*Und da sollte es mir nicht leid tun um Ninive, die große Stadt
mit ihren hundertzwanzigtausend Menschen ...?*

9 Aufbrechen über Hier und Jetzt hinaus

MIT MEINEM GOTT ÜBER MAUERN, ACRYL MIT BLATTGOLD, 2007, 60 X 60 CM

lebensrätsel

einmal gerufen
und
zweimal gehört
dreimal versucht
und
viermal gestört
fünfmal erlöst
und
sechsmal gefangen
und trotz allem
siebenmal
weitergegangen

Nicht da, Elija!
nach 1 Könige 19,12-13

Kein Mittel zu grob
im Streit um die letzte Wahrheit,
den stärkeren GOTT,
das genehmere Opfer.
Wer Himmel und Erde
in Bewegung setzt in seinem Zorn,
scheut nicht zurück
vor Gewalt ...
Reicht der Sieg nicht?
Braucht es Tote?

Zuletzt bleibt dem Eiferer
nur eisige Einsamkeit
und ohne Halt
die Verbitterung, Verzweiflung
im verwüsteten Herzen,
das allen Sinn verloren hat.

Wo ist GOTT?
Nicht da,
wo du ihn gern sähest.
Hörst du?
Wie er lautlos fast
an dir vorübergeht und
um dich ist.

Nach dem Feuer kam ein sanftes Säuseln. Als Elija es hörte,
hüllte er sein Gesicht in den Mantel,
trat hinaus und stellte sich an den Eingang der Höhle.

Aufbrechen[10]

... zu Gott

BRENNENDER DORNBUSCH, ACRYL MIT BLATTGOLD, 2008, 80 X 140 CM

subiaco

beredte geschichte
vom heiligen
am fels
wenn
dornen sich
zerbeten lassen
zu rosen
vielleicht
dass dann
zweifel sich
zerlieben lassen
zu einsicht

GOTT riechen

»Es riecht nach GOTT«, erklärte eine Fünfjährige,
mit der ich eine Kirche besuchte.
Das war trefflich gesagt!
Der Raum atmete den Duft des Festes,
das tags zuvor gefeiert worden war:
Weihrauch, gelöschte Kerzen und Menschengerüche –
ein kühler Nachhauch von Liturgie, von Gottesdienst.

Unsere Nase ist ein feines Erinnerungsorgan.
Gerüche verbinden uns mit Orten,
mit Menschen, mit Erlebnissen.
Gerüche versetzen uns zurück
in längst vergangene Zeiten
und wecken tief verborgene Gefühle:
Ängste und Sehnsüchte, Freude und Trauer.

Warum also soll unsere Nase
nicht auch Witterung aufnehmen zum Heiligen
und der Spur GOTTES in der Welt folgen können?

Duftspuren GOTTES im Alltag:
Das Essen, der Wein im Kreis von Freunden,
Gesang und Tanz,
die Haut der und des Geliebten ...
Wäre doch schlimm,
wenn man uns nicht riechen könnte!

einladung

lieber GOTT
mach mal pause
setz dich neben mich
leute anschauen
DU wirst dich wundern
über die szenen
die hier ablaufen –
ziemlich irre
alles
lachst DU –
aber erst der ganze film
voll der hammer!

11

Aufbrechen
vom Tod zum Leben

DIE WÜSTE BLÜHT, ACRYL MIT BLATTGOLD, 2011, 120 X 100 CM

juliabend

an lichtdurchflirrten grannen
ermesse ich den sommer
jetzt
wachsen kaum wahrgenommen
sterben kaum geahnt
schmecke ich
das schwarze brot der ernte
zur unzeit
und rede mir ein
die tränen
rührten vom sonnenuntergang
her und nicht
von trauer
über den fortwährenden abschied

Am Grab

Gras wachsen lassen über ein Leben:
In einer namenlosen Wiese
fand er seine letzte Bleibe ...

Das Auge sucht vergeblich nach dem Ort,
wohin sie ihn gelegt haben,
verfängt sich in Blumengebinden,
abgelegt in ausgewiesenen Randzonen,
– nicht die seinen,
die sind längst verwelkt und weggeschafft.

An ihn erinnert hier nichts mehr,
und das frühlingsfrische Grün
ist auch kein Trost
für ein trauerndes Herz,
das sich in letzter Hoffnung hineingräbt
tiefer und tiefer ins dunkle Schweigen.

Ob sich dort nicht ein Nachruf fände,
ein Nachhall von Osterglocken,
der offenbarte,
was es kaum zu glauben wagt:
Ich werde nicht sterben sondern leben,
um DEINE Taten zu verkünden.

Gebet

DU
Ursprung und Ziel unseres Seins,
DIR geben wir zurück,
was am Ende bleibt von einem Leben:
zerbrochene Hoffnung,
zerronnenes Glück,
vergebene Chancen,
verlorene Träume,
alle Leistung und alles Bemühen.

Bewahre DU diese Bruchstücke
in DEINER umfassenden Heiligkeit
und füge sie zusammen,
wie es DIR entspricht.

Lass DU heil werden,
was hier nicht heilen konnte.
Und führe uns
jenseits unserer Grenzen
in DEINEM bergenden Licht
zueinander,
hier und jetzt
und in Ewigkeit.

Amen.

12

Aufbrechen in die Hoffnung

EMMAUS, ACRYL MIT BLATTGOLD, 2010, 80 X 100 CM

Es muss heraus

Was lässt uns kalt,
Wenn uns das Herz brennt?
Wenn ein Funken Hoffnung
Durch den Nebel des Vermeintlichen blitzt.
Wenn ein Hauch Wärme
Über eine froststarre Welt fährt?

Was lässt uns kalt,
Wenn uns das Herz brennt?
Wenn ein Fremder
Unser Innerstes offen legt?
Wenn er einen Weg mit uns geht,
Dessen Ende wir nicht kennen?

Was lässt uns kalt?
Wenn uns das Herz brennt,
Werden Brot und Wein zum Fest,
Und ein Abend zum Morgen,
Und ein Ende zum Anfang,
Und es muss aus uns heraus:

Du lebst!